El Video Marketing Online

Potencia la imagen de empresa o marca

Marcos Socorro Navarro

TABLA DE CONTENIDOS

INTRODUCCIÓN A LA MULTIMEDIA

A través de nuestros sentidos podemos percibir e interactuar con nuestro mundo. Nuestros sentidos, especialmente el oído y la vista, desde la cuna, son los primeros que utilizamos en esta interacción. Nuestros órganos sensoriales envían señales al cerebro y del reconocimiento de estas señales se forma la información con respecto a la interacción con el medio ambiente en el que estamos. El proceso de comunicación entre las personas depende en gran parte de nuestra comprensión de estos sentidos de formas que, cuando la información se percibe más efectiva es la comunicación.

Por ejemplo, cuando escribimos una carta a alguien que describe un viaje interesante. La persona que lee la carta no tiene otra información que la del texto escrito. La comunicación viaja en una sola dirección. Tenemos que esperar una carta de respuesta para encontrar la reacción de la persona. Ahora suponga que ha enviado una foto, la cantidad de información transmite en gran medida mejor la comprensión de la otra persona. La comprensión sobre los viajes mejoraría mucho si enviásemos un video.

Por otro lado, cuando hablamos con alguien por teléfono, ¿Qué se pierde en este tipo de comunicación con respecto a una conversación cara a cara? En este caso, no podemos ver a nuestro

Interlocutor, es decir, no podremos ver los gestos y las expresiones corporales que acompañan a la conversación que son de gran importancia en la comunicación. En un sistema de vídeo conferencia se puede observar todas estas características que faltan. Los tipos de comunicación vía carta o por teléfono restringe el uso de varios elementos. Entonces, ya podemos ver que cuanta más información se envía, mejor será el impacto de esta.

El desarrollo de las computadoras también ha contribuido a la mejorar comunicación, ya que los computares han evolucionado hasta llegar en la actualidad a ordenadores personales y dispositivos móviles que proporcionan la información que contienen los archivos de sonido, imágenes, vídeos, etc. a un bajo coste y con un alto rendimiento. En este contexto podemos definir:

- Multimedia es cualquier combinación de texto, gráficos, sonido, animación y vídeo transmitida por el ordenador o dispositivo móvil.
- Multimedia Interactiva, cuando permite al usuario controlar cuándo y qué se transmitirán elementos.
- Hipermedia estructura de elementos vinculados a través del cual el usuario puede mover.

La mayor diferencia entre los medios tradicionales como la radio y la televisión con la multimedia digital es la noción de la interactividad. Los ordenadores permiten a los usuarios interactuar con los programas. Esta interacción es tan importante que puede ser considerado como parte de multimedia.

Los Medios de Comunicación

Por falta de conocimiento, a menudo son llamados medios de comunicación, los tipos de elementos que se puede representar para los seres humanos. Los elementos representativos como texto, sonido e imagen pertenece a una categoría de media llamada medios de representación y de hecho, los medios de comunicación se pueden clasificar en cuatro categorías:

- Percepción de Medios;
- Representación mediática;
- Soporte de almacenamiento;
- Medio de transmisión.

MEDIOS DE PERCEPCIÓN

Son computadoras que tienen como objetivo estimular los sentidos de los seres humanos. La Visión y la audición son los estímulos naturales de los monitores y de las tarjetas de sonido. El contacto puede estar relacionado con aplicaciones de realidad virtual. Existen estudios y prototipos ya desarrollados para el estímulo de olor y del paladar.

MEDIOS DE REPRESENTACIÓN

Son los elementos que se utilizan para representar una idea, como: texto, vectores y la imagen gráfica estática (matriz), audio, vídeo y animaciones. Para el desarrollo de proyectos multimedia, uno debe tener en cuenta el efecto de cada elemento en el comportamiento humano, como se muestra en las curvas de la figura de abajo.

Un buen proyecto multimedia debe contener estos elementos distribuidos de manera uniforme, dependiendo de dónde se encuentre. Por ejemplo, un proyecto multimedia para un hotel que se encuentra en el centro histórico de una cuidad. Esta aplicación multimedia puede contener una parte que trata sobre la historia del lugar donde se deben utilizar textos y figuras ilustrativas, despertando el lado intelectual de los seres humanos. Por el contrario, la misma aplicación puede contiene vídeos y figuras ilustrativas del hotel, acompañados por música, con ello va a despertar el lado emocional del ser humano. Existen muchas películas de cine que han logrado un gran éxito de taquilla gracias a un buen sonido y una buena música.

SOPORTES DE ALMACENAMIENTO

Podemos citar diversas formas de almacenamiento, como los cartuchos para los vídeo juegos, CD-ROM para juegos de ordenador y vídeo, discos externos, Bluray, etc... como soportes interactivos entre otros.

Medios de Transmisión

Son todos los medios de transmisión que se utilizan para la colocación de los medios de representación. La característica principal que debe tenerse en cuenta es el ancho de banda que puede ir desde unos pocos cientos de kbytes por segundo hasta unas cuantas decenas de Mbytes por segundo. Se debe tener en cuenta que estas solicitudes deben ser procesadas en tiempo real a medida que los datos tienen carácter continuo, por lo que también otras características se deben tomar en consideración:

- Disminución de latencia reducida: Retardo de la recepción de los paquetes transmitidos.

- Jitter: Variación de retardo de los paquetes transmitidos.
- Tasa de pérdida de fotogramas: Tasa de pérdida de paquetes.
- La tasa de error de bits: Tasa de bits recibidos con errores.

Hay técnicas y protocolos que soportan esta transferencia de datos. Como las técnicas streaming y multicasting.

STREAMING MEDIA

Streaming es la técnica que consiste en dividir un archivo en trozos y enviarlos al usuario en secuencia y de forma continua. El receptor puede utilizar o reproducir los datos a medida que llegar. El software del receptor puede comenzar a procesar los trozos en cuanto se reciben. Por ejemplo, un sistema de transmisión puede dividir un archivo de audio en varios paquetes, con tamaños ajustados al ancho de banda disponible entre el cliente y el servidor.

Cuando el cliente ha recibido suficientes paquetes, el software puede reproducir simultáneamente un paquete, descomprimir otro y recibir un tercero. Este modelo contrasta con el método más tradicional, donde la reproducción se retrasa hasta que se haya recibido la totalidad del archivo.

El Streaming de vídeo puede ser definido como una secuencia de imágenes en movimiento que se envían a través de una red de datos, de forma comprimida y que pueden ser reproducidas por un usuario a medida que llegan a su destino. El Streaming Media es la combinación de transmisión vídeo y de audio. Por lo tanto, un usuario Web no necesita esperar a que la recepción de los archivos de gran tamaño se complete para ver el video y escuchar el audio. Esto es porque los medios de comunicación envían los datos de una manera continua y se reproducen como llegan a su destino. El usuario debe utilizar una aplicación que jugar los medios de comunicación para descomprimir los datos, el envío de información de vídeo para vigilar y señal de audio a los altavoces. Este programa llamado jugador, puede ser parte de parte de una WEB Navegador o prestados por terceros.

Tecnologías transmisión Vídeo y transmisión Audio estaban empleados en siguientes usos comerciales: RealSystem G2 por RealNetworks, Microsoft Windows Media Tecnologías y VDO.

LA MULTIDIFUSIÓN

En las comunicaciones tradicionales se implican múltiples puntos simultáneamente, para cada paquete del host de origen se hace una replicación para el número de host de destino, y cada paquete es enviado a su destino por separado. Este modelo impone una limitación en el número de máquinas que podrían estar involucradas en la comunicación, debido a que el tráfico generado en las redes y a los requerimientos computacionales de host origen, que genera copias de cada paquete, aumenta linealmente con el número de hosts destinos involucrados.

Sin embargo, existen tecnologías que abordan estas limitaciones, estas se llaman soluciones escalares de la red. El uso de la multidifusión IP es una de estas soluciones.

Marcos Socorro. ISBN: 978-1499740936

INTRODUCCIÓN

El video online se ha utilizado con eficacia durante bastante tiempo como herramienta de comercialización y de promoción por parte de grandes y pequeñas empresas en todo tipo de industrias las industrias. Los recursos necesarios para crear y publicar estos videos en YouTube y similares, que están disponibles de una manera muy fácil por lo que hace que sea más fácil para las pequeñas empresas y para los emprendedores llegar a los clientes potenciales de forma rápida y asequible.

Sea cual sea su mercado, el video le da más oportunidades para expandir su marca (branding) al obtener más visibilidad y dar más credibilidad a su empresa dentro de su nicho de mercado. El establecimiento de una buena estrategia de video marketing debe ser uno de sus objetivos si quiere dirigirse a un público más amplio.

Para darle una imagen más clara a la comercialización de video y por qué es necesario crear una estrategia de promoción de gran alcance, vamos a ver cuales son sus principales características:

- Baja barrera de entrada: como se mencionó anteriormente, los videos en línea requieren muy poca inversión para poder crearlos. Básicamente lo que necesita son una cámara web y una cuenta de YouTube, Vimeo u otros portales de publicación de videos.
- El video online le permite transmitir mensajes claros y convincentes, establecer credibilidad y mejorar la confiabilidad de su marca. Las personas serán mucho más

propensas a confiar en usted y a relacionarse con usted cuando pueden ver y oír su voz.

- Al igual que los medios de comunicación sociales, el video online le permite establecer una fuerte conexión personal con sus clientes y clientes potenciales o futuros clientes, asegurándose de que se crea una conexión personal, incluso antes de reunirse con ellos cara a cara.

- Es bueno para su posicionamiento en los motores de búsqueda: según un estudio realizado por Forrester Research, al tener una mayor presencia en YouTube se puede obtener puntuaciones más altas porque el video tiene hasta 50 veces más posibilidades que el texto plano de llegar al top de los rankings de búsqueda de los motores de búsqueda.

Todo esto hace que el video online sea la mejor solución para cuando se desea aumentar conciencia, tanto para usted y su producto, así como para acelerar el proceso de las ventas. Así que ahora que sabes todo esto, puede ser que se pregunte cómo puede utilizar el video en su negocio. Vamos a repasar rápidamente los principales negocios que utilizan el video:

- Página web:. La página de inicio de su sitio web debería tener un video de bienvenida. Este es donde se explica el quién, el qué y el por qué de su marca, empresa o negocio, asegurándose de que el visitante recibe toda la información relevante respecto a su negocio y de cómo puede ayudarlos.

- La página de ventas: Además de la elaboración de texto plano efectivo en sus páginas de ventas, también necesitará un video si desea obtener más conversiones de visitas/ventas.

- El blog: Así como usted utiliza su blog para proporcionar sus productos mediante los comentarios, consejos de expertos y así otros consumidores, usted puede convertir el blog en un Vlog o video blog y crear videos que ofrezca información útil, como los productos y servicios con sus explicaciones, compartir consejos, etc.

- Demostración del producto: muchos negocios utilizan el video para mostrar la introducción de un nuevo producto en el mercado como una forma de mostrar al consumidor el producto y demostrar su utilidad y sus características.
- Video e-mail: Usted puede convertir los mensajes en una postal de video o incluyendo el video (o un enlace a un video) en los mensajes de correo electrónico, y en el proceso es probable que consiga "enganchar" al receptor.
- Testimonios de clientes: Estos pueden ser muy eficaces para el negocio. Pregunte a sus clientes y/o compañeros de trabajo para poder crear testimonios en video para su empresa o negocio.
- Tutoriales: Estos son importantes para los consumidores que necesitan instrucciones paso a paso sobre cómo utilizar determinados productos y servicios específicos.
- Video coaching: Un gran número de grandes empresas utilizan el video para destacar la entrega del servicio y para lograr hacer las sesiones más interactivas, personales y dinámicas. Es necesario intentar mantener al espectador interesado en lo que se está diciendo. Para ello puede utilizar herramientas tales como Ustream, Skype y Dimdim pueden ser muy útiles para crear videos.

LOS BENEFICIOS DE LA COMERCIALIZACIÓN DE VIDEO

Ahora que tiene una mejor idea de lo que es la comercialización de video, vamos a echar un vistazo a los beneficios.

Si está teniendo problemas para vender sus productos o servicios, su equipo de marketing, sus socios y jefes con el concepto de video online, pueden sentir que es una forma diferente de obtener algunos de los muchos beneficios que puede aportar para el negocio. Vamos a ver cómo exactamente como el video beneficia su negocio, y veremos algunos consejos sobre cómo llegar a la acción, pero en primer lugar, veremos algunas estadísticas interesantes sobre los videos en Internet:

- YouTube es el segundo buscador más popular, justo después Google, propietaria de YouTube.
- YouTube recibe más de 4 mil millones de vistas por día
- Más del 80% de los ejecutivos de marketing incluye el contenido de video en sus estrategias de marketing
- Las cuentas online de video son más del 50% de todo el tráfico móvil
- Casi todo el mundo visualiza video online todos los días

En cuanto a estas estadísticas, se puede ver por qué el contenido de video es un elemento crucial que merece sus esfuerzos de marketing. Echemos un vistazo a algunos de los beneficios que ofrece el video para las grandes y pequeñas empresas:

- El video es fácil de localizar. Los consumidores siempre están buscando productos y servicios. ¿Dónde se ven? Es más que probable, que realizando búsqueda online. Los resultados de la búsqueda pueden verse afectados por su presencia en las redes sociales, donde sus páginas oficiales de las redes sociales actúan como un punto de entrada al sitio web, micro-site o página de promoción. YouTube es el segundo motor de búsqueda de videos más usado ampliamente, y además, nos proporciona un posicionamiento alto en Google.

Otros elementos tales como gráficos, fotos, Twitter, LinkedIn, Pinterest y otras redes similares también se pueden buscar, pero seguramente obtendrá más clientes que provengan de sus videos de YouTube.

- El video hace que sea más fácil compartir su marca o servicio. Cerca de 700 videos de YouTube se comparten en Twitter cada minuto. Esto puede hacer o romper su negocio, en función de la confianza espectador/consumidor. Compartir video es un parte fundamental de las redes sociales y esto puede tener un tremendo impacto en la visibilidad de su marca si se utiliza correctamente. La mayoría de los videos compartidos de YouTube son cortos, divertidos e informativos; y consiguen un gran número del tráfico Web a los sitios web respectivos, lo que lleva al crecimiento de su empresa.

- Nivela el campo de juego. La publicidad tradicional de TV puede ser muy costosa; por ello este medio está reservado para las empresas más grandes y para las instituciones y grandes organizaciones privadas. Pero el video online puede ser accedido y utilizado por cualquier persona, sin importar la cuantía de su presupuesto de marketing. El truco está en ser más creativo y dirigirse a su público más específicamente.

- La información en tiempo real y la interacción. Mucha gente deja comentarios en los videos, lo que es una excelente manera de aprender más acerca de sus consumidores. Al crear videos que cautivan a los espectadores y presentar una plataforma interactiva para publicar opiniones o comentarios, lo que está consiguiendo es básicamente dar una voz a los consumidores; lo que les permite identificar las áreas específicas de su negocio que requieren mejoras. En el proceso obtendrá una gran cantidad de informaciones útiles sobre los gustos y preferencias, y aprenderá a participar con su público.

- El video es fácilmente medible. Existen herramientas para analizar y medir de una forma simple el tráfico, y el impacto de sus videos, a las que se pueden acceder online y realizan un gran trabajo midiendo todos los aspectos de la campaña de comercialización de video. Necesitará saber qué videos son los que obtienen más visualizaciones, cuáles no son y qué opiniones se traducen en nuevos clientes. Hay docenas de herramientas disponibles para la medición y análisis de video, estas deben ayudarle a obtener un informe muy preciso sobre el rendimiento de cada video.

- El video no muere. Los videos que se cargan en YouTube tendrán un papel en su estrategia de marketing durante un tiempo mucho más largo que otras formas de contenido. Esto puede ser bueno o malo, dependiendo de su estrategia, pero en general el video mantiene la transmisión del mensaje y reduce el gasto global considerablemente. Puede considerar hacer una inversión inicial en video marketing o sembrar sus videos por muchos canales gratuitos como una forma de promocionar el video, como usted decida, el video anuncio en un canal de Internet como Youtube podrá ser visualizado en numerosas ocasiones y momentos del día, al contrario que los anuncios de televisión sólo son visualizados en el preciso instante de su transmisión.

- El video estará siempre a un clic del botón COMPRAR. El 42% de los aparentes compradores son propensos a las compras después de ver un anuncio online: sólo el 9% de los consumidores realizar una compra después de ver un anuncio en la televisión. Cuando está correctamente configurado, el video online permite a los consumidores acceder rápidamente a su producto o servicio siguiendo los enlaces hacia su sitio web o página de ventas, donde pueden realizar una compra. Los telespectadores suelen tener que iniciar sesión en el sitio utilizando un dispositivo separado con el fin de realizar una compra, lo que socava la eficacia de los anuncios de televisión en relación con el video online. Cuando un consumidor se detiene en su sitio web y ve un video, suele quedarse un poco más de lo previsto, lo cual es una de las principales razones por las que se utiliza el video en cada parte de la campaña de marketing. Cada video de su sitio web debe cautivar al espectador para intentar hacer gastar al consumidor más en sus servicios o productos. Incluso los simples videos al estilo "how-to" o "como se hace" pueden tener un gran impacto en las ventas, siempre que mantenga el contenido orientado al cliente.

- El video acerca a la venta. O por lo menos así debería ser. Demasiadas personas pierden oportunidades por subir videos que son muy aburridos y que duermen al cliente/consumidor, o los que son tan vagos que dejan al cliente totalmente confundido. Otro escenario interesante es donde los vendedores se centran tanto en la creación de videos de entretenimiento que en última instancia, el cliente no ha visto nada sobre los productos o servicios de la empresa, lo cual tampoco es nuestro objetivo. Recuerde que usted está tratando de vender, no se centre totalmente en el entretenimiento, y en su lugar, trate de comunicarse con claridad y de asegurarse de que los clientes saben exactamente que estos videos ayudan como soporte tanto para la compra como para la ayuda sobre los productos o servicios de la marca. El video móvil trae consigo más oportunidades para los videos cortos, divertidos con publicidad de sus productos. Un video móvil debería de tener una duración aproximadamente de 30 segundos para ser efectivo según Rhythm Insights. El video móvil también es una buena herramienta de marketing para que sus clientes hablen, compartan y lo que es más importante, que compren sus productos.

¿Cómo puede su empresa beneficiarse al aventurarse en el marketing online? Los nuevos empresarios están en condiciones de hacer uso de las características y beneficios de sus negocios. Averigüe cómo su empresa podría estar utilizando esta herramienta para obtener estas ventajas y encuentre una manera de poner en práctica una estrategia de comercialización usando el video que funcione.

CÓMO UTILIZAR EL VIDEO EN SU COMERCIALIZACIÓN

ESTRATEGIA

Cada estrategia de marketing digital con visión de futuro combina la potencia de video con otros elementos importantes para crear una campaña de marketing que produzca un buen retorno de la inversión, así como el propietario de un negocio que necesitará aprender a implementar el video en su estrategia. La mayoría de las estadísticas del mundo de la tecnología digital cita la comercialización de video online como uno de los principales pilares del marketing, y se cree que representará dos tercios de los datos móviles del mundo en el año 2016.

Con todas estas estadísticas flotando alrededor, el dueño de un negocio mediano quiere saber cómo puede planificar, crear y promocionar videos; teniendo en cuenta su pequeño presupuesto y que tiene una experiencia en la producción mínima. A lo que usted está dispuesto, es decir, que necesita para construir la identidad de su marca y hablar en el idioma de los posibles compradores, y el video facilita todo esto.

El marketing y las estrategias que se usan hoy en día están en constante crecimiento y evolución. Esta innovación continua se caracteriza por los medios de marketing digital y ni usted ni nadie puede ser un experto en todo: pero también significa que los principiantes pueden aprender a adoptar técnicas que nunca habían pensado o intentado antes. Si tal vez ha estado pensando que la producción de videos está fuera del alcance de su empresa, porque el concepto es ajeno a ti, piénselo otra vez.

Vamos a ver unas normas que le resultarán sencillas a usted, que no ha desarrollado una carrera en cinematografía para que pueda aprender a usar el video como una estrategia de éxito de su plan de marketing.

1. *VIDEOS DEL PRODUCTO*

La creación de un video para un par de zapatos no parece ser la idea más revolucionaria cuando se quiere promocionar el producto pero fíjese en una cosa.

Tradicionalmente, las empresas realizan los videos de productos con las características del elemento, construyen la marca y, como siempre, se centran en un objetivo: comprar. Esto hace muy poco para conectar con el comprador potencial y, como consecuencia, muchas empresas pierden oportunidades reales. Desarrolle videos más creativos. Mostrar un giro de 360 grados del producto podría ayudar a los consumidores ver lo que parece, pero no ayuda conectar con ellos. Animar el producto, mostrando que está siendo utilizado por personas reales, las experiencias y los testimonios de los clientes, dan vida al producto y su objetivo es proporcionar ese valor añadido a sus espectadores.

2. *HAGA UNA SERIE*

Una forma enganchar a la gente con los videos es darles una razón para seguir observando. Las grandes marcas como Target y Adidas utilizan sus marcas en las series de video como una forma sencilla de crear y mantener un enganche recurrente con sus compradores.

No es necesario trabajar con un gran presupuesto para crear una serie de gran valor. Incluso con un presupuesto limitado todavía puede crear una serie casera que demuestra las nuevas formas de usar un producto, o un recurrente how-to o guía que ayude a resolver problemas simples, o una serie semanal que ofrezca información relevante para los espectadores.

Elija lo que usted elija, asegúrese de que los espectadores saben lo que puede esperar de la serie que va a ofrecer y hágales saber cuándo deben sintonizar para la próxima entrega.

3. *Video Concursos*

Este es un plan muy inteligente: dejar que otras personas hagan el trabajo por usted. Si desee crear contenido de video atractivo, pero tienen un problema de falta de creatividad o presupuesto, puede crear un concurso en su página de redes sociales, mediante email marketing o página web, y se le pida a la gente crear video en torno a un tema específico, a cambio de un premio.

Hágales saber cómo se seleccionará el ganador y que premio recibirá el ganador, a poder algo con cierto valor, pero no excesivo: nadie va invertir 20 horas de trabajo sólido por una tarjeta regalo de 5€. Ahora, cuando consigue ese video úselo en consecuencia. Si se trata de una video promoción de un producto, lo puede utilizar como una herramienta para comercializar ese producto. O a la inversa, si quería un video artístico para añadir carácter a su marca para luego compartirlo con su público.

Cuando la gente se involucra activamente con su marca es seguro que desarrollará una vínculo más fuerte con su empresa.

4. HAGA TODO LO POSIBLE POR SER ÚNICO

Es posible que haya oído o leído en alguna parte que con el fin de tener éxito cada empresa debe o bien ser el primero, el mejor, o diferente del resto. Es un principio interesante y ciertamente se aplica a los casos del video y del contenido.

El hecho de que su principal competidor haga un video con perro que habla y que tiene 100.000 opiniones, no significa que usted deba hacer lo mismo. Es muy tentador mirar a otras historias de éxito como una buena fuente de ideas y, a veces eso está bien: pero no suele dar buenos resultados el intentar emular lo que ya se ha hecho.

5. HAGA UNA PARODIA O REMIX DE UNA CANCIÓN POPULAR

¿Ha notado cómo los videos remezclados hábilmente tienden a ser virales? Todo depende del calendario y de la creatividad. Usted puede parodiar un video popular, y si lo hace correctamente, que quede bien, puede generar miles de visitas y en el proceso ganar un gran número de seguidores. Un enfoque más específico es mejor y si encaja bien con su producto o servicio, y no dañar su imagen de marca de cualquier manera, a continuación, utilice esto como una manera de llamar la atención.

Si quieres un efecto real, el objetivo de crear un video que habla y ofrece una valoración auténtica a su público. Mire cómo se desarrollan los videos online y trate de mantenerse a la vanguardia. Hace un par de años, el video, incluso en los mercados internacionales, se podía crear en un país cualquiera y luego era doblado al inglés. Hoy en día, los vendedores producen y publican videos en los idiomas locales. Tanto las grandes como las pequeñas empresas graban testimonios de clientes en la lengua materna del hablante, y se usan subtítulos con las traducciones para los otros mercados.

Los espectadores conectan con la persona que habla y también da la sensación de que su empresa tiene un enfoque global. La traducción no tiene que ser una prioridad en la estrategia global de marketing, sino que intenta ir más allá de lo que has llegado a esperar del departamento de marketing, y descubre nuevas formas de hacer llegar a su público más cercano su marca, y mejorar las impresiones de su público durante más tiempo. El video online le da el poder de la vista y el sonido, que significa más formas de mantener al espectador enganchado mientras que les vendemos el valor de su producto, servicio o marca: y el por qué deben estar usándolo.

4 PASOS PARA LA CREACIÓN DE VIDEOS EN LÍNEA

Todo el proceso de creación de video online de calidad se reduce a cuatro pasos:

- Objetivos
- Mensaje
- Formato
- Distribución y promoción

PRIMER PASO: OBJETIVOS

Cada video que hace tiene un propósito, así que ten en cuenta lo que quiere lograr al crear el video. Algunos de los objetivos más obvios son:

- Impulsar la exposición
- Redireccionar el tráfico a su sitio
- Construir credibilidad y veracidad
- El desarrollo de la marca
- Ganar un punto de apoyo en el mercado

El video puede hacer todo por usted, pero considerar qué elemento de su negocio necesita un mayor impacto. Lo que tiene en mente, asegúrese de que es parte de la estrategia global de marketing ya que el video tiene que ser integrado en el plan de marketing principal con el fin de que sea más eficaz.

Segundo paso: Mensaje

Un video efectivo se centra más en el contenido en lugar de la tecnología. ¿Cuándo se crea el video, tenga en mente a su audiencia y déles algo valioso. Una persona estándar cuando busca en el ordenador con un índice de atención relativamente bajo y esto se puede reflejar en el video online donde los videos de larga duración o complicados consiguen niveles muy bajos de audiencia. Sea breve y conciso, y tenga en cuenta estos factores:

- Consistencia: los espectadores podrían confundirse si se desvía del propósito principal del video
- Establecer un tema general de los videos
- Concéntrese no sólo en lo que se dice sino en el cómo se dice
- No perder el foco central de su mensaje

Si el mensaje de video es claro y coherente la gente no debería tener problemas para entender su mensaje. A los clientes no les gusta los mensajes complicados, así que si proporciona mensajes consistentes, sencillos y claros, el mensaje se convertirá en una parte de su marca.

Tercer paso: Formato

Ahora bien, esta parte implica decidir sobre el tipo de parto que prefiere para el video. Usted puede decidir aparecer ante las cámaras, crear una presentación de diapositivas o de captura de pantallas, hacer una transmisión en vivo, etc. Usted tiene varias opciones para trabajar con el video y puede probar uno o más en diferentes formatos de video. Echemos un vistazo a los siguientes formatos:

- Grabación en directo a través de una cámara web: este es probablemente el más rápido y la opción más sencilla
- Grabación en directo a través de un webcast: sitios web como Ustream.tv, este servicio es gratuito
- Por ubicación: se trata de que llevar una cámara portátil y, posiblemente, también un trípode para cuando grabe al aire libre
- La captura de pantalla o presentación de diapositivas: puede utilizar PowerPoint para esto, o quizás Jingproject o Prezi
- Creación de video o foto montaje con herramientas como Animoto
- Recuerde el formato de salida que elija para el video, el formato también determina en gran medida la eficacia del mensaje transmitido.

Tenga en cuenta su estilo personal, la actitud y la de su público objetivo, y luego encuentre un marco con el que trabajar.

Algunos videos tienen la intención de ser divertidos, algunos son sólo promocionales y otros son más formales y de autor. ¿En qué categoría quiere transmitir su mensaje? Antes de armarse usted mismo con una minicámara o una cámara digital, observe con cuidado su tono y decida con suficiente antelación el modo en el que desea conectar con el público objetivo, a continuación, empiece a hacer los ajustes para el rodaje. Vamos a hablar de la distribución y de la promoción en otro capítulo.

¿POR DÓNDE EMPEZAMOS?

Al igual que cualquier otra forma de comercialización, se necesita una estrategia que nos lleve a través de su campaña de marketing. La estrategia será una guía paso a paso que cubrirá exactamente lo que quiere lograr y cómo va a lograrlo.

Esta estrategia puede incluir una lista detallada de las acciones que debe cubrir en un período de tiempo concreto; el contenido de ejemplo, la optimización, etc. Aprenda más sobre esto, para empezar a poner en práctica los aspectos específicos de la campaña.

Pero, ¿cómo crear la estrategia? El video online es un elemento de un plan de marketing más amplio y hay varios factores que hay tenemos que en cuenta aquí, como elaborar un plan para hacer crecer su negocio. Comience con estos tres factores, ya que le ayudará a darse cuenta de lo que quiere lograr y cómo que tiene que hacer para lograr sus objetivos.

1. EL PROPÓSITO DEL VIDEO

Esto es, obviamente, el factor más importante cuando se trata de crear videos eficaces para su estrategia de marketing. Escriba lo que quiere que suceda, después sus clientes potenciales mirarán el video. Tal vez esté buscando vender más productos, aumentar el número de seguidores o conseguir más suscriptores: cualquiera que sea el objetivo, sabiendo cual es el objetivo le ayudará a trazar un plan que girará en torno a él. Si tiene varios objetivos, escríbalos todos y alinee el concepto del video para que pueda cumplir con esos objetivos específicos.

Comience por determinar lo siguiente:

- Las emociones específicas que están tratando de invocar, y por qué. Podría comenzar con la codicia, el miedo y la emoción; eso suele funcionar bastante bien.
- El objetivo son los compradores: a acción que hace que los clientes potenciales compren después de ver el video
- Usted necesita un video centrado en su objetivo y reproducible por los potenciales clientes

Estas consideraciones le ayudará lograr el video deseado.

2. LA CREACIÓN DE LOS VIDEOS

Esto también es una cuestión funcional importante. ¿Tiene pensado hacer los videos usted mismo o le será más cómodo contratar a un productor experimentado que hacerlo usted? En los casos de los videos personales informales, tienden a producir un mejor efecto cuando se comparan con las típicas super-producciones de anuncios formales que flotan alrededor de las empresas. Esto podría ser una opción decente para el propietario de una pequeña empresa, pero eso lo decide usted, asegúrese de que el video es útil para los espectadores.

3. MEDICIÓN DE LOS RESULTADOS

Una vez producido y publicado un video, necesitará saber cómo responde el público al video, ya que es la manera de averiguar si se acercando más a sus objetivos. Por ejemplo, si su plan era aumentar su lista de suscriptores, puede que tenga que seguir de cerca el número de nuevos suscriptores y averiguar si está algún suscriptor nuevo por la tracción al video.

Una medida útil es centrarse en la capacidad de atención de su cliente potencial estándar. Puede averiguar que la mayoría de sus clientes potenciales sólo visualizan unos pocos segundos del video, lo nos sugieren que sus introducciones son demasiado largas. Lo cual nos indica que deberá encontrar una manera de recortar la introducción y, si es posible, hacerlo bien en lo sustancial del contenido.

Cuando comience a trabajar con estos tres factores, usted ya habrá cubierto los principios básicos y ya sabrá cómo utilizar con eficacia el poder de marketing de video para beneficiar su marca. Pero antes de cerrar este tema, veremos cómo puede optimizar adecuadamente los videos para lograr un efecto más profesional.

Optimización del video

Hay un error común acerca del video, aunque los nuevos empresarios asumen que pueden conseguir miles y miles de clientes simplemente cargando un montón de videos promocionales en YouTube y sentándose a contar el dinero de sus ventas. En efecto, la idea de lograr una exposición global de su marca suena emocionante, pero recuerde que hay que trabajar mucho para lograr el éxito antes de poder sentarse pegado a la pantalla de ordenador con las manos entrelazadas de alegría, contando los miles de visitantes que tenemos y como se incrementan nuestras ventas.

De la misma manera optimizar la página de destino (landing page) y construir grandes campañas en torno a una pequeña parte escrita, como un slogan, para asegurarse de que funciona, se necesita un enfoque similar con el video. Básicamente, usted no puede contar con que cada video que produzca vaya a convertirse en un video viral, pero con un poco de inspiración se puede encontrar una manera de añadir algo interesante para el espectador, personalizado hacia él lo cual impulsará su negocio.

Paso 1. Construir CTA (Call to Action)

¿Alguna vez has visto un video del producto hasta el final y has visto que ha acabado en una pantalla negra? Es una oportunidad perdida, lo cual es sorprendente porque la mayoría los vendedores saben lo importante que es tratar de no cometer el mismo error.

Al crear su próximo video, incluya las CTA como una manera de dirigir al espectador a su objetivo específico. A continuación vamos a ver como se hace:

- El anfitrión del video podría sugerir directamente al espectador
- Use un montón de anotaciones de YouTube inteligentemente diseñadas para apuntar a los recursos específicos

Incluya un enlace al final y utilícelo para dirigir a los espectadores a su página de destino. Además de hacer las CTA directas, asegúrese de que también proporciona varias opciones para que su público pueda llegar a usted. Una sola demostración puede no afectar a su conversión objetivo, no todas las personas son las que toman las decisiones, por ello deberá de incluir por lo menos un par de CTAs, una dirigida a los espectadores que están preparados para tomar decisiones, y otra CTA dirigida los clientes potenciales indecisos para intentar persuadirlos mediante nuestros contenidos.

PASO 2. SU MÉTODO PRINCIPAL DE CAPTURA DE CLIENTES

Es una característica que se trasladó desde el mundo de los contenidos escritos directamente al mundo del video. Después de crear el video, considere añadir una dirección de correo electrónico y permita que su contenido sea compartido, por las principales sociales redes, asegurando así que el público pueda contactar con usted, por si acaso quieran darnos sus datos personales para contactar con ellos. Existen varias plataformas de video online que le permiten construir un formulario de contacto que puede ser incluido en el video; con ello podemos conseguir más información de nuestro público.

Algunas buenas prácticas a tener en cuenta para capturar clientes del video son:

- Los enlaces al Email funcionan mejor en un video dirigido a espectadores específicos: como es el caso de las demostraciones de productos muy detalladas que son largas.
- Trate de minimizar el campo cuando configure el formulario de contacto de sus videos. Usted no querrá que sus clientes potenciales se cansen mientras completan el formulario de inscripción.

La próxima vez que cree un video de marketing, comience mediante la implementación de estos pasos. Estos son la base del gran video online, eficaz y le ayudará a agilizar el proceso, asegurándose de que el video se realiza bien en cada parte del proceso de compra.

ESFUERZOS DE MARKETING. EL MARKETING INBOUND

Si va a crear contenido promocional como una manera de promocionar su marca a los consumidores, entonces ya está utilizando el marketing inbound. Cuando combina el poder del correo electrónico, blogs, redes sociales, podcasts y otros canales de promoción, se consigue, con una buena estrategia, hacer crecer su marca, pero mediante la adición de videos, se eleva a otro nivel de compromiso en el que maximiza su potencial de audiencia.

Vamos a ver cómo se puede introducir el video en algunos de los canales más útiles con el fin de maximizar el efecto del marketing inbound de la campaña.

EMAIL

Según los datos recogidos por eMarketer, las empresas que incorporan video en sus emails tienen tasas más altas de click-through (a través de los clics), mayor intercambio y promoción, mayor de tiempo de lectura de los emails, incrementan los ratios de conversión y logran mayores ingresos.

Si la estrategia de marketing que necesita para crear y retener suscripciones de email, entonces incorporar el video en los emails es una buena opción para usted. Eloqua, una compañía que se especializa en la prestación del servicio de marketing por correo electrónico automatizado, señala que las empresas que incluyen el video en sus mensajes de correo electrónico experimentan una caída del 75% en los suscriptores opt-outs, que son los suscriptores que solicitan la baja de la suscripción. Otra empresa que opera en el mercado del marketing online ha informado recientemente de un crecimiento de 51% en los ratios de conversión de los suscriptores por lead (solicitud de información – formulario de contacto) en los casos en los que se incluía el vídeo en los correos electrónicos.

Aunque puede que le resulte difícil de integrar el video en su correo electrónico sin ningún problema de reproducción, no dejes que esto le detenga. Incluya un número de enlaces clickables en el video, así como backlinks que conduzcan a sus clientes potenciales a su sitio web, que ,por supuesto, deberá ofrecer más videos.

MENSAJES DE BLOG

Existe un gran número de usuarios de Internet buscan el contenido de video de los artículos de modo que si sus artículos no disponen de videos, perderá clientes potenciales. Eche un vistazo a las estadísticas de a continuación:

- El 40% de los usuarios de Internet responden mejor a los mensajes visuales que a los mensajes de texto plano (Zabisco).
- En comparación con el texto sin formato, el contenido de video genera hasta un tres veces más enlaces entrantes (SEOmoz)
- Los espectadores van a pasar 100% más de tiempo en sus páginas si tienen videos

LAS REDES SOCIALES

A medida que más empresas invierten dinero en aplicaciones de video sociales como Instagram y Vine, no vas a encontrar un mejor momento para incorporar videos en los medios de comunicación social.

Tenga en cuenta, sin embargo, que el valor de cualquier video social reside únicamente en lo compartible que sea; por lo que si a su público objetivo le gusta los videos y los comparten en sus redes sociales, aumentará su visibilidad y aumentará la conciencia de gente sobre su empresa.

BI Intelligence informa de que las redes sociales y el boca a boca son las principales formas en las que las personas descubren el contenido de video online, por lo que, obviamente, necesitará proveer a sus suscriptores y fans videos atractivos y de esta manera conseguirá una mejor visibilidad. Con el fin de dirigir el tráfico a sus páginas de destino, asegúrese de que incluir una CTA clara en los mensajes de video.

El marketing inbound trata más sobre como atraer a los clientes potenciales que de enviarles mensajes a ellos para que tengan que encontrar una manera de generar el intercambio orgánico alrededor de sus videos. Las acciones amplían el crecimiento y el alcance de su mensaje y, como resultado, su marca se hace más valiosa y obtendrá mayores beneficios.

La implementación de un buen video SEO

Una comercialización verdaderamente eficaz requiere la sinergia en los campos de la técnica y la creatividad; esto es lo que nos asegura que los videos sigan siendo relevantes y atractivos. La correcta aplicación de SEO implica un trabajo técnico importante. El Video SEO no se inicia con la producción y tampoco termina al hacer clic en el botón de publicar: una buena estrategia SEO incluirá una significativa implementación técnica. Esto asegura que su video pueda ser visualizado por las personas adecuadas en el lugar correcto y en el momento adecuado, y si el video es uno en los que ha mostrado su genio creativo, a continuación, los comentarios sobre el video se conviertan en un beneficio real.

Los motores de búsqueda posicionan muy bien los videos en las redes sociales cuando crean su clasificación mediante sus algoritmos, por lo que el papel del video en sus esfuerzos de marketing no harán más que crecer con el paso del tiempo. La comercialización de video en el pasado era más complicada porque era muy costoso pero el éxito del formato de video corto es bueno para aquellos vendedores que no tienen grandes cantidades de dinero para poder producir videos largos.

Los videos cortos fomentan la experimentación y la creatividad y aseguran que el contenido que se está subiendo es reactivo y mucho más relevante. Sube tus videos a todos los canales de comercialización principales incluyendo Twitter, Facebook, Instagram, Metcafé, Vime y Google+ y etiquete los videos. Al publicar el video asegúrese de habilitar todas las características que faciliten que los usuarios compartan los videos en sus propias redes sociales.

Existen muchas personas que invierten una gran número de horas al día viendo videos online, con lo que un vendedor como usted deberá aprovechar esta oportunidad para promocionar su marca a un público más amplio mediante la creación de algo que tenga valor, para que esas personas lo quieran ver. Cuando estén configurando el SEO de sus videos, piensen primero en el cliente, a continuación, el SEO segundo. Cuando optimice el video para su público objetivo, verá que finalmente es más eficaz.

Si su compañía está planeando nuevas estrategias de marketing o mejorar las existentes, entonces ya sabe lo suficientemente bien lo difícil que es conseguir y lograr ideas que funcionan y que reúnan los recursos necesarios para cumplir con sus objetivos.

Pero no se centran en lo desafiante que puede ser el proyecto; en lugar de eso miran las diferentes plataformas que pueden ejecutar el contenido. Estas áreas pueden ser muy útiles en su campaña de marketing:

- Blogs
- Webcasts y poscasts
- Las redes sociales
- Sitios web y Microsites

- Eventos
- Boletines
- Las aplicaciones móviles
- Las comunidades online

Sus objetivos principales deben incluir la generación de clientes potenciales, la participación online y aumentar la conciencia sobre su marca, pero por supuesto áreas como la educación del cliente, las tasas de conversión, ventas directas y el tráfico del sitio también desempeñan un papel importante en el éxito de su campaña.

Los principales obstáculos para las empresas que tratan de poner en práctica el marketing de video incluyen una falta de estrategia efectiva, la mala gestión de la compra y carecen de suficientes recursos internos. Estos son todos los desafíos internos y pueden ralentizar la tracción si no prestas atención.

Los problemas derivados de la parte de la industria son la falta de presupuesto para la producción de video y el contenido de mala calidad. La creación de contenido decente es una simple cuestión de buscar a buenos escritores y a un equipo de producción para editar el video.

Comience a buscar las formas en las que su empresa puede implementar la comercialización del video sin sufrir los problemas comunes por las que suelen pasar muchas empresas. Con una planificación adecuada, usted debería de tener un tiempo más que suficiente para la elaboración de los planos de las escenas del video.

Introducción a YouTube

A medida que más empresas recurren al marketing con contenidos de video como la mejor solución para su expansión y crecimiento, un gran número de empresas grandes y pequeñas siguen cometiendo errores con sus canales de YouTube, lo que acaba provocando menos vistas para sus videos. Interbrand Top 100 muestra un crecimiento exponencial de la producción de videos con YouTube ads (anuncios) en casi todas las industrias, y las empresas están invirtiendo más dinero para lograr una mayor calidad en sus anuncios de video.

Además de crear los canales más eficaces de YouTube, marcas como Toyota y Coca-cola también están incorporando sus videos de YouTube en sus sitios Web. De hecho, más del 80% de las 100 principales empresas del mundo incrustan sus videos de YouTube en sus páginas web; lo que tal vez empañan la línea entre los canales digitales, pero sigue siendo una estrategia eficaz.

Como el video online evoluciona, cada vez surgen más métodos y estilos de video. Por ejemplo Intel, emplea a ambos, videos producidos profesionalmente y usuarios que generan contenidos, logrando así un efecto más potente de confianza sobre la marca. Así que ¿por qué las marcas invierten tanto dinero en la comercialización de video, pero cada vez tienen menos visualizaciones? Todo el ecosistema de YouTube, desde las grandes marcas hasta las pequeñas start-ups, pueden conseguir más seguidores y una de las maneras de obtener esto es centrándose más en marketing de contenidos de video.

EL MARKETING DE CONTENIDOS DE VIDEO Y YOUTUBE

Un gran número de empresarios asumen que con la asignación de un par de etiquetas y una breve descripción de un video de YouTube y luego añadiendo el nombre de la empresa ya están "hacemos marketing online de contenidos de video". Desde luego, no siempre resulta tan sencillo: hay que conseguir videos con buenos ángulos, buenos actores o animaciones, buenos fondos y que sean atractivos, esto, claro está, si quiere hacer crecer su número de seguidores.

LOS ELEMENTOS DE LOS VIDEOS VIRALES

En lugar de comenzar con la pregunta común de cómo hacer un video se convierta en viral, vamos a empezar por explorar varios elementos que juegan un papel importante en la creación de un video viral:

1. La Conexión Humana

Averigüe si su video provoca una respuesta emocional fuerte. Cuando un video provoca fuertes emociones que crea un fuerte deseo de compartir. Un ejemplo perfecto es FirstKiss, una campaña creada por la empresa Wren, en la que el video muestra se besan 20 desconocidos. El video tuvo más de 2 millones de visitas a la mañana siguiente de publicarse y tenía más de 70 millones de visitas en dos semanas.

2. Ternura

La gran mayoría de las personas suelen quedarse boquiabiertos cuando ven imágenes que muestran mucha ternura. Ben Huh conoce muy bien este tema y explota esta tendencia mediante la inclusión en sus anuncios de fotos lindas de gatos y añadiendo algunas frases ingeniosas y/o tontas para hacer que el contenido sea un éxito seguro. Pero no sólo los gatos lo hacen bien en los anuncios, los perros también funcionan muy bien, al igual que los bebés adorables, y una colonia de pequeños pingüinos o patos.

3. El Contenido de Interés Periodístico o Social

Aparentemente todo lo que hacen o dicen los líderes políticos es de interés periodístico, y lo es porque estamos en una época en que las redes sociales ha extendido exponencialmente su uso y el partidismo político ha alcanzado un máximo histórico, incluso los opositores políticos se involucran y comparten sus contenidos sobre sus líderes. Esto provoca numerosas emociones como la ira, la indignación y la repugnancia; y este tipo de videos se propagan de forma viral con bastante facilidad.

4. Humor

El humor, desde hace mucho tiempo ha ayudado a las personas a lidiar con el dolor y la adversidad física. También es uno de los mayores impulsores de la viralidad de los videos. La cultura Pop está llena de comedia viral y esto se puede observar con Jimmy Fallon, que hace videos virales el 100 por ciento del tiempo.

5. El no-lineal o lo inesperado

Una manera de hacer este punto es mediante la diversidad de contenidos, y que la gente siempre quiere lo inesperado. Un video inédito que muestra a la gente en su estado natural, de cómo responden o reaccionan a una situación extraña, tiende a generar una gran cantidad de visitas.

Estos cinco elementos se pueden observar en muchos de los videos virales publicados en YouTube y, como vendedor, usted puede aprender a cómo poner en práctica algunas de estas características en sus propios videos. Cabe señalar, que con el fin de aumentar las posibilidades de que el video sea viral, puede tenga que combinar varios de estos elementos.

En realidad no hay un límite de elementos que puedas usar para despertar la curiosidad de la gente realizando un video que tenga un contenido que sea totalmente inesperado para el espectador. Cualquier cosa, desde los platillos voladores o la desaparición del avión de Malasia; hasta cualquier cosa que usted piense que va a hacer que la gente tenga algún tipo de reacción cuando vea su video, podría ser útil. Encuentre una manera de mantener a las personas en diferentes temas, pero cuando haya terminado de aplicar estos cinco elementos, puede que tenga que pararse un momento y reflexionar sobre algunas otras cuestiones que es posible que nos hubiéramos dejado atrás o en las que ni siquiera nos paramos a pensar.

SEO

Para la mayoría de los vendedores, el SEO es una cuestión bastante complicada, principalmente debido a las frecuentes actualizaciones del algoritmo de Google, pero para que sus videos puedan conseguir miles de visitas, hay que hacerlos más orientados hacia el search-friendly, es decir, la búsqueda amigable. Como por ejemplo, puede utilizar Adwords Planner de Google para esto, pero es mejor empezar por hacer algunas búsquedas sobre las palabras que desea usar en su video, sobre su industria específica y cuando defina el título y la meta descripción, utilice esas palabras claramente en un formato de frase. Las personas son más propensos a buscar algo así como "el mejor método de pago y software de facturación", que, por ejemplo,"métodos de pago los amiguetes!".

La promoción multiplataforma: Después de incrustar el video, subirlo a YouTube y los diferentes puntos de distribución bajo un nombre diferente. Recuerde que YouTube y Google son los dos principales motores de búsqueda, así que no intente trucar sus rankings, y haga solamente los pequeños ajustes necesario con el fin de obtener ventaja de ambos motores.

Utilice transcripciones. Tanto Google como YouTube no extraen todas las palabras en sus videos por ello a veces los motores de búsqueda tienen problemas para descifrar el video y encontrar el tema en cuestión. Una forma puede ayudar a aumentar el SEO de su video es transcribir el video y convertir el texto en una entrada del blog relevante. El blog notificará a los motores de búsqueda sobre el contexto del video y como resultado Google mejorará el ranking de su sitio.

Ahora que sabes todo esto, la próxima vez que suba un video en YouTube o en otros canales, asegúrese implementar estos pasos. Todos ellos son elementos importantes para el éxito de cualquier campaña de marketing de video y son elementos que han funcionado bien para otras marcas por lo que deberían funcionar bien también para su marca.

Cuando se agiliza el proceso de crear un contenido efectivo para las ventas, de la captura de clientes y el SEO, notará una gran diferencia en cómo los videos alcanzan cotas de visitas mucho mayores.

Las Métricas del Video Marketing

Usted ha dedicado su tiempo, energía y dinero a la creación de una gran campaña de video marketing; ahora es el momento de que usted recule un paso atrás y analice cómo está realizando los videos. Debido a que cada campaña es única, las diferentes métricas actúan como los principales indicadores del rendimiento. En este capítulo vamos a discutir las métricas que serán más valiosas para su marca.

Estas métricas son importantes para todos, desde el vendedor a los expertos creadores de contenido, anunciantes y dueños de negocio medianos. Un gran número de vendedores cualificados y empíricamente motivados no suelen usar los análisis de los videos de la misma forma en la que sí lo hace cuando analiza la web y las cifras de conversión y esto tiene un efecto terrible en sus campañas de marketing. Vamos a profundizar en como corregir eso.

1. Earned Media

Se trata de cualquier audiencia que se obtiene como resultado de las tendencias o comportamientos sociales, es decir, el boca a boca, como impulsado por los medios de comunicación públicos o privados. Digamos, por ejemplo, usted paga para promocionar un video en YouTube, que alguien lo mire y si le gusta, entonces decide compartirlo en sus propios perfiles de las sociales redes.

Las visitas derivadas de esa acción es lo que los vendedores llaman earned media (medios ganados).

Este es una métrica importante del marketing de video porque la gente suele compartir y visualizar un video si cree que se lo envían sus propias redes (familia y amigos). Según un reciente informe de Nielsen llamado Truth In Advertising, más del 80% de los encuestados en 58 países diferentes afirmaron que se encuentran que publicidad digital boca-a-boca es más digna de confianza que otro tipo de publicidades.

Un estudio diferente realizado por Harris Interactive para los Premios Webby ha reportado lo mismo: siete de cada diez usuarios sociales tienen más probabilidades de realizar una compra de diversos artículos después de ver el post de un amigo. Cuando realiza un seguimiento de los earned media usted podrá ver donde está siendo compartido su contenido y como resultado usted podrá ganar un poco más de penetración en los canales sociales más atractivas.

2. Métricas de Acción (Engagement)

Junto con el earned media, esto debería ser una métrica común para todos los comercializadores en el formato de video; Shares, Likes y comentarios alrededor de su contenido de video. En cualquier campaña de video, tiene que asegurarse de que las personas reales están viendo e interactuando con los videos que publica online. Por supuesto, el reparto inicial de los videos alimentará este enganche, es por ello que mencionamos los earned medias como la métrica más importante.

La Acción y el earned media pueden contribuir a la distribución de su video a través de las diferentes plataformas de redes sociales, lo que amplía su alcance y, en última instancia, la acción. Como vendedor o empresario, el éxito de sus esfuerzos se mostrará en su capacidad para realizar videos que la gente quiera ver. Suena fácil pero en realidad no lo es: que es por ello que observar las métricas de acción es clave para el éxito de la campaña.

3. TASA DE CLICK-THROUGH

Este es el porcentaje del número de veces que un usuario hace clic en el CTA en el video. Su video debe tener un vínculo para que la gente pueda seguir avanzar. Este clic también puede llevar al público a un video diferente, a su sitio web o página de compra del producto. Básicamente, este porcentaje de clics es una medida para conocer si los anuncios desencadenaron alguna acción. El video no le aportará ninguna ventaja, e incluso le puede perjudicar, si no convence al público a realizar alguna acción.

A menos que el único propósito de su video sea la propia marca, necesitará que el público realice acciones para poder justificar la inversión realizada en el video marketing. En Para maximizar su ROI, preste mucha atención a la tasa de click-through.

4. TASA DE FINALIZACIÓN

Las tasas de finalización le darán una idea bastante exacta sobre si su mensaje ha tenido éxito y ha sido escuchado. En caso de que usted no tiene idea de lo que son las tasas finalización, esto es el porcentaje de personas que ven el video hasta el final.

Es una manera de medir cuanto tiempo visualiza el usuario los videos. Si obtiene un porcentaje alto significa que el contenido está bien alineado con el público objetivo.

Según TubeMogul, una plataforma de software para marketing digital, los espectadores recuerdan los mensajes de las marcas más fácilmente cuando ven el anuncio completo: además, la conciencia de marca crece significativamente cuando los espectadores ven el anuncio completo. Esta es una métrica crucial para cualquier campaña de video, la tasa de finalización le permitirá saber que acciones tomar para cautivar a su audiencia.

5. SUSCRIPTORES

Los suscriptores son importantes en nuestro esfuerzo por aumentar la cantidad total de tiempo que han invertido nuestro público en visualizar los videos, o el número de minutos vistos. Cuando un usuario se suscribe a tu canal, este recibe actualizaciones automáticas cada vez que suba un video nuevo, y esto le asegurará de que reciben el contenido nuevo de su Canal de YouTube.

Usted puede obtener esta información en su informe de acciones en la pestaña de la ficha de suscriptores. El informe contendrá información detallada sobre cómo tal vez usted ha perdido y ganado suscriptores en diferentes contenidos, fechas, por ubicaciones geográficas, etc. Mediante el uso de esta función, será capaz de averiguar qué video le ayudó a ganar más suscriptores, y por contra, también puede averiguar que contenido le ha hecho perder más potenciales suscriptores.

RECUERDE EL ROI

Puede parecer obvio, pero si sus videos no producen más dinero de lo que cuestan, entonces hay un problema en alguna parte de la producción. El retorno de la inversión, o la cantidad de dinero generado por las ventas como resultado directo del video vs la cantidad de dinero que se gasta en la producción del video, se debe medir como tal. Esto le permitirá saber si su campaña está ganando terreno o si usted está haciendo todo mal.

6. RENDIMIENTO DE COLOCACIÓN

Esto es más un resumen de las métricas que una métrica en sí. Al evaluar el rendimiento por ubicación, tendrá que tener en cuenta la mayor parte de las métricas que hemos mencionado. Digamos, por ejemplo, su campaña de video se va a distribuir a través de los canales sociales, de las redes sociales, blogs, etc. Comparando las métricas de cada una de estas plataformas le dará una buena idea de que canal es mejor para sus futuros esfuerzos de marketing.

Sus indicadores de rendimiento clave determinarán esto, pero puede utilizar las métricas mencionadas anteriormente para recibir información sobre el rendimiento de las acciones y entonces puede concentrarse en la distribución de contenidos en las plataformas que satisfacen mejor sus conversiones.

Al aprovechar estas métricas, habrá ganado la inteligencia necesaria para optimizar el video y, como resultado, incrementará el tiempo medio de visualización del video. Esto hará que sus videos tengan más visibilidad y dará lugar a más oportunidades para canalizar a una gran masa de público a su sitio web para lograr una mejor conversión.

EMPLEAR EFICAZMENTE LOS CANALES DE DISTRIBUCIÓN DE VIDEO

¿Ha sospechado alguna vez de que podría estar perdiendo muchos espectadores debido a que sus videos no logran un gran alcance? Podría ser, si usted se limita a promocionar su marca en YouTube, en lugar de combinar los diversos canales de comercialización que están disponibles en internet.

Operar en un solo canal de contenido de video puede frenar su potencial comercialización y afectar al crecimiento de su marca; es por ello que vamos a buscar varios caminos que se pueden explorar en su esfuerzo por lograr un mayor alcance de sus videos.

Debido a la evolución constante del marketing de video, puede que tenga que reevaluar su estrategia de vez en cuando, sólo para asegurarse de que no estas limitando el potencial de tus videos mediante alguna operación o metodologías que se pasan de moda o que ya no atraen al público. Deberá comprobar en que plataformas de video cree que tiene demasiados vídeos que no funcionan y que plataformas tiene menos videos que si funcionan. Con ello podrá mejorar la gestión del tiempo y dedicarle más tiempo a las plataformas de video que funcionan mejor (que no tienen que ser las más conocidas).

Tenga en cuenta que algunas plataformas pueden tener más sentido que otras, en lo que respeta a su marca u objetivos, pero estos son los principales canales:

- YouTube: No es de extrañar, con más de mil millones de visitantes únicos cada año y más de 4 millones de horas de video de visualización mensual, YouTube es de largo la plataforma que domina el mercado del video.
- Vimeo: Con cerca de 1 mil millones de visitantes el año pasado, y un constante crecimiento de miembros, Vimeo se está convirtiendo rápidamente en una plataforma de video con mucho tirón y una fuerza importante.
- Brightcove: Su reproductor de video se descarga más de 3 mil millones de veces al mes y el sitio cuenta con más de 6.300 clientes en todo el mundo, en más de 63 países.

Ahora echemos un vistazo más de cerca a estas plataformas y para ver si tienen algunas similitudes o diferencias, y averiguar en que sobresalen.

CALIDAD

Invertir en contenido de alta calidad será de gran ayuda para su campaña, pero si su plataforma no lo soporta, habrá perdido mucho dinero en la producción. Vamos a decir, por ejemplo, si incrusta un video de alta calidad en su sitio web, lo podrá ejecutar en Alta Definición (HD), o ¿también soporta SD?

La plataforma de videos más popular, YouTube, tiende a reducir mucho las resoluciones de video para evitar las situaciones en las que el ancho de banda es limitado. En este caso, su mejor solución para un flujo de video constante, de calidad superior sería Brightcove y Vimeo.

Vimeo soporta HD de 720p, y mantiene la integridad de la imagen a lo largo de la visualización. Por otro lado, Brightcove ajusta la resolución del video a la disponibilidad del ancho de banda, pero como no soporta SD, el espectador ve nunca ninguna imagen granulada o pixelada.

LAS POSIBILIDADES DE BÚSQUEDA

Si el objetivo de tu video es capar muchos clientes potenciales, obviamente, la búsqueda puede llegar a ser una estrategia importante. Probablemente usted ya conoce perfectamente el agujero negro que es YouTube. Esto sucede porque esta plataforma tiene habilidades de hacerle llegar a lugares que otras plataformas no pueden. También deberá dominar los resultados de búsqueda orgánica más allá de YouTube y en Google y otros motores de búsqueda.

Debido a que YouTube utiliza las metodologías de la empresa matriz (Google) para las realizar búsquedas, esto hace que sea más difícil para otras plataformas poder competir con su función de búsqueda. Está altamente optimizado y le dará todas las herramientas que necesita para reducir su público objetivo más allá de lo que usted se puede imaginar. Cuando usted accede a una audiencia orgánica que constantemente visualiza de videos en esta plataforma, las oportunidades de que un buen número de usuarios "tropiecen" en alguno de sus videos se multiplican.

INCRUSTACIÓN (EMBEDDING)

Para algunos vendedores, utilizar el video incrustado directamente en su sitio web es más importante que el inbound marketing y en estos casos la incrustación se considera prioritaria. Tenga en cuenta que la calidad de todos sus videos tiene un impacto en la calidad general de su sitio web. Esto, obviamente, haciendo recuento de sus videos fuera de YouTube.

De acuerdo con YouTube, el contenido que tenga en su hosting que no sea necesariamente específico de su marca puede, en algunos, casos aumentar las posibilidades de su visitantes vuelvan a visitarle otra vez.

Si su objetivo es la producción de video de alta calidad para la incrustación, entonces Vimeo es su mejor solución, y más aún si sólo se trata de un número reducido de videos.

PERSONALIZACIÓN

¿Está en el proceso de construcción de su propia red de contenido? Aparte de habilidad, una de las cosas que necesita es una plataforma que le proporcione un mayor control, con suficientes herramientas de personalización. En esta función Brightcove toma la delantera como el mejor candidato para los vendedores que trabajan con un gran número de videos.

La plataforma le permite añadir anuncios pre-roll/post-roll personalizados, darle a su reproductor una apariencia (skin)

personalizada y jugar con un montón de herramientas de
personalización.

Cuando se compara con Brightcove, tanto YouTube y Vimeo son
bastantes restrictivos cuando se trata de personalización y de
control, por lo que si el control es importante para usted,
Brightcove es su mejor opción.

INVERSIÓN

No hay absolutamente nada de malo en la explotación en
plataformas libres populares, como YouTube, pero aún así, si está
buscando la funcionalidad de Vimeo o Brightcove es posible que
tenga que pagar unos cuantos dólares.

Nota: Vimeo ofrece un paquete gratuito pero viene con
características limitadas.

YouTube es un servicio, pero Vimeo y Brightcove le ofrece
soluciones. Si calidad es una prioridad para su campaña, no le
quedará más remedio que aflojar el férreo control sobre su
finanzas y realizar una pequeña inversión en esta línea.

ANALÍTICA

Como trabajas con grandes volúmenes de datos, descubrirá que
necesita poder analizar todos esos datos para poder producir
videos que estén mejor orientados a sus objetivos. Las tres
plataformas que hemos mencionado hasta ahora tienen sus
propias herramientas para la medición y el análisis del tráfico,

pero Limelight Networks es especialmente notable por su colección de analíticas.

Hace que sea más fácil para que entienda exactamente cómo el video se conecta con otros elementos de su campaña. El video tiene un efecto considerable en su línea de marketing y la comprensión de su impacto, contribuirá a resolver los problemas y a allanar el camino para una mayor eficiencia.

CENTRÁNDOSE UN NICHO

Las tres principales plataformas, YouTube, Vimeo y Brightcove operan como plataformas capa, soportando diferentes propósitos en un amplio espectro de industrias. Veamos por ejemplo Savvy, una red de video de rápido crecimiento que se centra en los líderes de la industria dando discursos y conferencias; la red permite a los líderes llegar a la exposición más allá de sus propias industrias y en los procesos, esto mantiene a los profesionales informados sobre las noticias y tendencias de la industria.

Si puede encontrar alguna plataforma que se centre en su nicho y lo utiliza para atraer a su público, puede que logre incrementar sus visitas y los ratios de conversión ostensiblemente.

Así que, ¿plataforma de video va a utilizar para su marca? Estos factores juegan un papel en el logro de sus objetivos a fin de ir a través de cada plataforma y ver cómo sus características únicas afectan a su plan de marketing.

Cómo las emociones influyen en el Video Sharing (Compartir Videos)

Con un margen considerable, First Kiss sigue siendo uno de los videos virales más vistos, con más de 70 millones de visitas en su primer mes de lanzamiento. La directora de la película, Tatia Pllieva combina una gama de emociones como la curiosidad, ser torpe, tímido y vacilante, para crear un apasionado montaje de tres minutos con 20 desconocidos que se besan por primera vez.

La directora Pllieva reunió a 20 jóvenes desconocidos, sobre todo, guapos, homosexuales y heterosexuales, para besarse por primera vez, y lo que siguió fue una compilación de reacciones elementales adorables en adultos que se encontraban en una situación un poco incómoda, pero emocionante. Logra acelerar el corazón de la mayoría de los participantes a medida que tratan de hacer la tentativamente con una pequeña conversación, preguntándose si deberían dar el primer paso, la mayoría se avergüenzan y tratan de ocultarlo con la risa; pero todo esto se desvanece cuando sus labios se encuentran.

Los participantes son observados explorando el beso y lentamente se vuelve hacia una blanda, apasionada química que la mayoría de las personas anhelan, y que le puede pasar a cualquiera, con cualquiera, y en cualquier momento. El video fue filmado enteramente en blanco y negro y parece desencadenar la nostalgia y la añoranza, en lugar de malestar.

Ahora, ¿cree que algo de esto fue suerte? No. Fue la cuidada elaboración de contenido junto con una extensa y rígida de investigación y una estrategia ingeniosa. Usted pudo haber visto videos de estornudos de cachorros de panda o gatos lindos haciendo monerías, cuando estos videos se producen correctamente, suelen tener un gran éxito, ya que despierta muchas emociones en las personas.

ME GUSTARÍA TENER UN VIDEO VIRAL, ¿CÓMO LO HAGO?

Cada marca quiere que sus videos sean virales, pero, por supuesto, la inmensa mayoría de estos serán inadvertidos por la gran mayoría del público. La clave para la participación (por medio de comentarios) y para el intercambio de su video es apuntar a emociones específicas, y realmente tirar de ese hilo conductor. La mayoría de los vendedores entienden esto y algunos se las arreglan para hacer videos memorables, pero siempre está el reto de mezclar las emociones de tal manera que se consiga el efecto adecuado.

La próxima vez que quiera hacer un video de marketing para su marca, considere estos factores:

1. APELACIÓN EMOCIONAL

Como Bruce Lee dijo en una ocasión memorable, 'Necesitamos contenido emocional'. Si un video te hace sentir feliz, sorprendido, enfadado, lloroso, etc, tiene un gran potencial para lograr múltiples acciones. Las reacciones emocionales fuertes son las que los vendedores necesitan crear pero al igual que su profesor de marketing siempre decía, la mejor manera de mantenerse es con las cosas positivas. Los videos que causan reacciones positivas son más propensos a ser compartidos que, digamos, un video que causa el enfado o disgusto.

2. QUE SEA POTENTE

La mayoría de los videos que reciben millones de acciones a través de los múltiples medios de plataformas sociales son los que provocan reacciones emocionales fuertes, sean estas emociones positivas o no. Budweiser realizó un anuncio basado en el amor adolescente durante la Super Bowl de 2014. Este un ejemplo perfecto de un video súper compartible, que implica el amor, la amistad, un cachorro muy lindo, y un final feliz que le toca la fibra sensible a muchos espectadores.

Los productores transformaron esa mezcla de sensaciones en un preciosa anuncio comercial; pero, como la mayoría de los anuncios virales, no gritan Budweiser durante todo el anuncio, de hecho, la marca sólo aparece al final del anuncio, en el momento que termina y lo hace de una manera inteligente con un hashtag #BestBuds.

3. HUMOR

El humor juega un papel muy importante en la realización de videos virales. Por supuesto, el contenido varía y lo que hace que una persona le gusta es algo muy subjetivo, pero en general, algunas cosas son simplemente divertidas. Vea algunos anuncios de humor, tales como Old Spice de 'The Man Your Man" o el famoso video de Psy de "Gangnam Style", el video más visto en Youtube.

Estos videos se pueden compartir entre todos los grupos demográficos, porque apelan a casi todo el mundo. Ese es el poder del humor; hace un llamamiento a una mayor audiencia y si el video hace reír a la gente, se va a compartir.

4. LOS NIÑOS Y LOS ANIMALES

Por alguna razón los videos de niños y de animales, tanto si se usan juntos en un video o separados respectivamente, son muy seguidos Internet. Podría ser porque suele ser más difícil realizar un buen guión para un video con la participación de niños o de animales, ya que son más difíciles de controlar o, simplemente, porque son naturalmente más divertidos, lindos y genuinos.

Cualquiera que sea la razón, videos, como Charlie mordió mi dedo o Nutrias agarradas de la mano son las sensaciones de Internet debido a que son divertidos o muy lindos.

5. PARODIAS

Decenas de marcas han parodiado en sus propios videos a los videos más populares y en algunos casos, han logrado un gran éxito. El video de Miley Cyrus 'Wrecking Ball", por ejemplo, ha sido parodiado cientos de veces por numerosos individuos y marcas, pero, por supuesto que ayuda a que la cantante tiene millones de seguidores y ella está desnuda en el video original.

Los videos que aluden a la cultura popular de maneras divertidas, tontas o escandalosas tienen un gran potencial para ser virales. Video de Kanye West para Bound 2 es un ejemplo.

El video es tan ridículo que causó sensación en Internet y dio como resultado múltiples parodias, realizadas por personas diferentes en todo el mundo, entre uno de estos, Seth Rogen y otro por James Franco.

¿POR QUÉ SON TAN IMPORTANTES LAS EMOCIONES?

Profundizando en todo este concepto de utilizar el contenido emocional en videos de publicidad, se realizó un estudio por el Instituto Ehrenberg-Bass para la

Marketing Science, en un esfuerzo por entender cómo las emociones juegan un papel en los medios de intercambio social. Después de analizar 355 mil millones de videos de un popular canal de distribución de video y plataforma de análisis, Karen Nelson-Field, investigador senior del Instituto encontró que los videos que desencadenaron emociones fuertes en los espectadores, tanto positivas como negativas, tenían el doble de probabilidades de ser compartidas a través de las redes sociales que los que contenían un mensaje sombrío.

El estudio también examinó las diversas emociones que se produjeron a partir de las personas que vieron los videos, y se encontraron con que las emociones positivas, principalmente la de euforia fueron las más efectivas en el desencadenamiento de acciones de compartir. La segundo emoción positiva que encontraron fue la alegría, y como los vendedores han descubierto, estas emociones ayudan a los espectadores a recordar el video y con suerte, la marca.

Mientras que las emociones son universales, también hay que recordar que las personas responden de manera diferente a los tipos específicos de emociones. Las emociones fuertes tienden a causar reacciones subjetivas que son bien entendidas por su público. Si mantiene su línea emocional de base en mente, le ayudará a hacer que el video sea de utilidad para su marca.

El video marketing puede hacer maravillas para su marca, pero se necesita esfuerzo considerable para sacar todos estos elementos juntos y crear un sistema que funcione.

Pocas personas entienden bien esto la primera vez; Incluso los vendedores más experimentados cometen errores durante el planteamiento de las estrategias en una campaña de marketing, pero siempre hay otro punto de vista para explorar, una nueva oportunidad por la que se puede llegar a la gente, por lo que el fracaso no debe de ser nada nuevo, experimentar es la única forma de lograr el éxito.

Utilice esta información como referencia cuando desee explorar el mundo del marketing de video, y deje que le guíe en la toma de videos que tienen un efecto positivo en su marca, pero recuerde que debe ser creativo, y que tiene que atreverse a llegar hasta donde otros no se atreven.

Cómo Utilizar el Video Concurso

Cada elemento de marketing digital tiene es sí mismo un gran potencial para alcanzar e influir en los consumidores. Considere la posibilidad de los medios de comunicación social, los medios ganados, el inbound marketing, el contenido generado por el usuario, el contenido generado por el consumidor, el outsourcing, el crowdsourcing, la co-creación, etc: todas ellas afectan a su marca. La evolución de estos y otros elementos han dado lugar a la masa de experimentación con los componentes más eficaces, como el video Concurso.

Llevar a cabo un video concurso exitoso no es una tarea fácil, pero si tiene a los participantes necesarios deberá hacer un buen concurso, deben de conseguir que la gente tenga ganas de participar. Asegúrese de hacer lo siguiente antes de lanzar su próximo video concurso:

Defina su objetivo

Este es el paso más crítico cuando se lanza un video concurso y un montón de gente puede hacerlo mal. Los vendedores lanzan concursos de video por diferentes razones y sin una meta u objetivo real sería difícil de medir el éxito o fracaso de todo el proceso.

Estas son algunas de las principales razones por las que los video concursos se han vuelto tan populares:

- ROI más alto que los costes de la producción creativa
- Mayor participación y tiempo dedicado a la marca
- Genera murmullo y boca a boca
- Recursos para crear ideas objetivo

Determine lo que espera lograr mediante la ejecución del concurso y los pasos que tienen que realizar hacia ese objetivo. Si se hace bien, el concurso debe producir múltiples beneficios.

SELECCIONE EL TEMA

Al decidir sobre un tema, es posible mantenerlo aspiracional y abrirlo lo suficiente a modo que los participantes puedan inyectar su propia personalidad. Esto puede ser difícil de hacer cuando se está comercializando un producto muy técnico pero aún así, trate de buscar más allá de las especificaciones del producto y considere lo siguiente:

- ¿Cómo encajará la marca en la vida de las personas?
- ¿Hay conversaciones que nacen en torno a su marca?, y si es así, ¿Qué uso tienen para el concurso?
- ¿Cómo se refleja el actual contenido generado por el usuario de la marca?

Los buenos temas obligan a los participantes a llevar el mensaje de la marca sutilmente.

La Brevedad

El texto escrito es un componente crucial en la creación del concurso. Es como se comunican los aspirantes con los participantes y les permite saber qué hacer; por lo que en última instancia, tiene un tremendo impacto en el contenido que gira alrededor de la marca.

Como regla general: Recomiende a los participantes usar un lenguaje sencillo y breve, y establezca restricciones razonables. A menos que quiera que el contenido muestre imágenes específicas, no hay necesidad de introducir demasiadas imágenes. Use un lenguaje simple y comience con una historia inspiradora sobre la marca y lo que esta puede hacer por ellos. Sé breve e incluya los siguientes elementos:

- La personalidad y el tono que desea
- El público que los videos están apuntando
- Descripción de los recursos de los creadores tienen
- Si es necesario, un CTA a ser incluido en el video
- Las limitaciones establecidas

Incentivos

La determinación del precio y los criterios para la selección de los ganadores es crucial para lograr no sólo a los mejores talentos, sino que será la base para lograr sus metas específicas. Los incentivos más básicos son dinero en efectivo, productos y paquetes de viajes, visibilidad comercial (podría significar la publicación de su trabajo en el sitio web o en TV), etc.

Con el fin de atraer a las personas más talentosas de sus redes, implemente un premio importante para el ganador (un mínimo de 10.000€), seleccionado por un jurado especial o por la propia marca siguiendo una criterios "aparentemente" justos.

Sin embargo, si su objetivo es atraer al público o generar el boca a boca, el ganador podría ser elegido de una forma más vistosa que los votos, y el premio deberá reflejar el esfuerzo, es decir, de la producción. Básicamente, pondere los precios de permios de acuerdo a sus objetivos.

La Promoción del Concurso

Los creativos suelen usar las comunidades/foros de autoconocimiento de la web, pero incluso con el mejor tema y con el mejor premio, muchos concursos de video se ponen en marcha sin la ayuda de una comunidad experimentada con lo cual sus productos al final, pasan inadvertidos. Cuando promocione su concurso, el experto en comunidades sociales hará lo siguiente:

- Involucrar a las comunidades y grupos en plataformas como Facebook y LinkedIn, y otros foros específicos de su sector
- Publicará sus creatividades más atractivas en Twitter, Vimeo y YouTube
- Construir relaciones con los grupos de estudiantes y administradores de instituciones educativas
- Publicar varios mensajes con oportunidades en varias secciones en varios sitios web

Si desea intentar alcanzar un público mucho más amplio puede que tenga que contratar a un experto.

El Tiempo

El tiempo es crucial para el éxito del concurso. Por lo normal general, para crear un buen trabajo, crear un concurso le llevará varias semanas, tiempo suficiente para ir generando murmullos y rumores alrededor del concurso, para generar expectativa y lograr la atención del público. Marque un plazo máximo entre 8-16 semanas.

Otro factor crucial a considerar son los plazos para que se presenten los participantes a los concursos. Programe las pruebas de selección tal manera que termine varias semanas después de que los otros concursos hayan terminado, por lo que no perderá a los potenciales participantes que abandonan la preselección por el cansancio de tener que esperar su turno.

Regla básica: No extienda la fecha límite del concurso, ya que eso haría ser un gran abuso de confianza y credibilidad y sería acabaría siendo perjudicial para sus concursos.

Moderar el Contenido

No todas las plataformas de video concurso le permiten controlar el contenido entrante, pero aún así, deberá aprender cómo se puede moderar lo que los participantes están contestando.

La moderación tiene sus beneficios:

- Usted puede ayudar a los concursantes a mejorar sus respuestas en caso de que se pierda la marca
- Usted tiene más control sobre la identidad de su marca

Sea consistente cuando modera el contenido. Si el concurso tiene que adherirse a las instrucciones publicadas por escrito en la web, asegúrese de que todo el trabajo aprobado pasa por el mismo nivel de escrutinio.

UTILICE TODO EL CONTENIDO APROBADO

Es una pregunta que mucha gente se pregunta: ¿Qué hago con todos esos videos?

Algunas ideas para empezar a trabajar:

- Distribuir videos de buena calidad en sitios web como TubeMogul.com, y recuerde incluir las mejores prácticas de SEO para que puedan aparecer en los resultados de la búsqueda
- Incorporar algunos de los videos en su propio sitio web
- Ofrezca los videos en sus perfiles de redes sociales como una forma de impulsar compromiso
- Realice un nuevo concurso público con un buen premio para aquella gente que vota por el mejor y el mejor concursante ganador

COMPRENDER LA LEY

Todo video concurso posee algunas implicaciones legales por lo que si usted lanza el concurso por su cuenta o decide trabajar con un compañero, tenga en cuenta lo siguiente:

- Asegúrese de que su marca está protegida en cuanto a los derechos de autor
- Derechos del uso de los contenidos offline y online
- Establecer los términos y condiciones y establecer las reglas del concurso adecuadas

Cuando se lanza un concurso se obtiene una interpretación más verdadera de cómo la gente percibe su marca. Escuche a sus concursantes, participe con ellos y vea lo que puede aprender de su participación.

CÓMO HACER QUE TU VIDEO SE DESTAQUE DE SUS COMPETIDORES

Debido a su capacidad para contar historias y, por tanto, a influir en las personas emocionalmente, el video es la forma de publicidad más atractiva en cualquier medio. Cualquier tipo de mercado en el que esté trabajando, el video le da un poder inmenso para influir y provocar una respuesta positiva por parte de su público.

Hasta ahora ya ha aprendido lo que es el video marketing video y la forma de llegar a desarrollar una buena estrategia, ahora vamos a ver algunos consejos para obtener los videos más exitosos:

- Publique algunos testimonios de su producto, así logrará que cuando logre un mayor público, este pueda ver a gente que le encanta y adora su servicio o producto. Esto tendrá una gran influencia en su público ya que los testimonios de video no son fáciles de falsificar.
- Responder a las preguntas comunes. Usted puede hacer un video por cada pregunta, o si lo prefiere, crear un video para responder a un montón de preguntas.
- Abordar algunos de los factores que conducen a las objeciones de su público. Si sus clientes potenciales vienen con excusas para no tomar acciones, saber cuales son esas objeciones y hacerles frente; de esa manera que logrará estar más cerca de sus clientes potenciales.
- Subtitular un video existente. Si usted ya tiene un montón de videos de alta calidad, una manera de conseguir aún más visualizaciones es reproducirlo con subtítulos. Es posible que tenga que confirmar cualquier derecho de autor antes de producir el video.

- Grabar un video inspirador para su público. Esto podría estar orientado hacia un nicho específico con el fin de tener un efecto más potente, o puede encontrar un tema general que afecta al público en general.
- Cuente historias visuales. No se necesita mucho tiempo para crear un guión gráfico que lleve a la gente a través de una historia simple que transmite un mensaje al llegar al final.
- Consiga a una persona que tenga conocimientos sobre como aparecer en sus videos para enseñar. Cualquiera que sea la industria en la que opere
- Los gráficos Stop Motion son muy difíciles de hacer, pero si se puede llegar a hacer uno, estos tienden a ser virales.
- Si tiene el aspecto visual, pero no quiere utilizar su propia voz, puede contratar locuciones profesionales para hacer el trabajo por usted. Fiverr sería un buen lugar para empezar, y usted puede conseguir a un profesional para que lo haga por usted por lo menos 5$, también existe la versión española por 5€.
- Guía a tu audiencia a través de una experiencia. Por ejemplo, un seminario guiado o un ejercicio de escritura.
- Use PowerPoint para crear una presentación de diapositivas y narrar, guiando usted al público a través de las diapositivas.
- Anime a sus lectores a suscribirse y enviarles un video cada mese o envie un boletín de noticias en video exclusivo.
- Incluya video en su landing page o página de aterrizaje. Las landing page que cuentan con video tiende a conseguir conversiones más altas que otra forma de landing page.
- Enseñe a sus clientes potenciales un video del tipo "detrás de la escena" que detalla los entresijos, lo esencial de su negocio. A menos que tenga razones sólidas para no

hacerlo, debería mostrarlo a su público porque a la gente les encanta ver lo que pasa "detrás de las escenas".

- De a conocer a su equipo a su público. De a conocer a todos, desde la personas que trabajan en las oficinas, a los chicos que contestan los teléfonos, y los chicos de logística.
- Elija el momento adecuado de subirse a cuestas de una tendencia actual que sea muy popular; por ejemplo, si se acercan las elecciones, cree un video electoral para mantener a la gente ocupada (que no sea partidista, más bien uno de humor).
- Planee cuidadosamente y lleve a cabo algún truco publicitario inteligente. Por ejemplo, puede hacer una payasada en público y tener a una persona que lo grabe. Pero tenga cuidado con publicidad "payasa" debido a que tienden a fracasar terriblemente si se hace mal o cuando se publican en el momento equivocado.
- Si usted tiene un tema que se relaciona con su vida personal, contar una historia sobre ella.
- Encuentre algo interesante para grabar y haga un video timelapse.
- Condensar el video en unos pocos minutos o segundos.
- Si no le importa la controversia, tome una posición inusual en un tema sensible o diga algo polémico.
- Encuentre tantas leyendas urbanas extrañas o divertidas y pruebe a refutar sobre ellos.
- Plantear una pregunta, o un rompecabezas, y luego responder a este en un video más adelante. Esto mantiene a la gente ocupada e interesado, y le permite mostrarles contenidos más tarde.
- Mostrar y contar como se utilizan las herramientas de su trabajo. Por ejemplo, si usted está haciendo un video how-to sobre la pesca, deberá obtener todas las diferentes herramientas necesarias para realizar el trabajo y mostrar cómo se utilizan. Dígales lo que no se debe hacer en

situaciones específicas. Explique los errores comunes y muestre cómo evitarlos.

- Salga de la oficina y lleve a cabo una encuesta pública sobre un tema determinado. Pregunte a la gente preguntas al azar y publique el video para mostrar cómo la gente se siente sobre algún tema.
- Organiza una competición. Por ejemplo, podría organizar una competición de pesca y luego entrevistar al ganador. Grabar todo lo sucedido en la competición en video y publicarla para que la gente realice comentarios sobre la competición. Se les puede preguntar si han pescado algún pez raro, crear una app sobre la competición, etc
- Postee sobre los videos que han tenido una buena respuesta. Esto suele ser eficaz ya que podría conseguir ser presentado en la parte "videos relacionados", donde podrá conseguir una gran cantidad de visitas.
- Cubrir un evento importante. Esto podría ser cualquier cosa, desde una feria comercial, un evento deportivo, seminario o conferencia.
- Muestre como es un día típico. Pídale a alguien que se grabe todo el día y luego lo acelera en producción de video para mostrar cómo pasa sus días de trabajo.
- Parodiar a una persona famosa o popular. Si usted da clases de piano, aparecer vestido como Elvis o Lady Gaga puede ser llamativo.
- Desembale un producto popular. Aquí, puede funcionar cualquier cosa; si eres un gamer, si usted es de los primeros en comprar, por ejemplo, la última Xbox de Microsoft, al resto de los gamer les encantará ver como es la nueva consola visto de otro consumidor más como él.
- Trabajar con otros vendedores exitosos de video y publicar el video en todas sus plataformas.
- Grabar un video de cámara oculta, y mostrar situaciones curiosas de la vida cotidiana.

- Crear una lista de consejos útiles, dando a los espectadores información exclusiva.

Estas son algunas de las formas en las que los vendedores de video experimentados consiguen que sus videos destaquen. Si desea que sus videos causen algún efecto, entonces tiene ser súper creativo. Si está encontrando dificultades para conseguir un enfoque único, siempre podría utilizar estos consejos para poner en marcha su canal de video. El video es una manera divertida y efectiva para comunicarse con sus clientes potenciales, mientras que consigue incrementar las venta de sus productos o servicios.

Tendencias del Video Marketing Online

Vamos a concluir este libro con algunas tendencias de video marketing online. Los videos cortos se han apoderado de 2014 y las aplicaciones de video de corta duración tales como Vine han seguido dominando la industria del video marketing como un elemento clave de la estrategia digital de la mayoría de las marcas. Ha habido, sin embargo, un creciente énfasis en la calidad del video, debido a que cuanto más invierten las marcas para impactar en sus potenciales clientes, estos cada vez exigen videos más atractivos, más impactantes...de más presupuesto.

Además de la calidad, aplicaciones como Shazam Chirp.io y tienen que ser más influyentes. Chirp permite a los usuarios compartir fotos, contactos, páginas web y más que utilizan el sonido, donde la información "suena" de un teléfono a otro.

Atrás han quedado los días en que las grandes marcas dictaban que contenido podían ver o editar los consumidores: cada vez más gente está accediendo a los nuevos contenidos y están respondiendo de maneras muy diferentes. Las plataformas populares de emisión de video, tales como Vine y Instagram han hecho que la producción sea mucho más fácil y que los consumidores sean capaces de compartir contenido atractivo en un entorno más abierto.

Esto en sí mismo ha cambiado la forma en la que las empresas se aprovechan del marketing, y en muchos aspectos ha puesto a las marcas al mismo nivel que el consumidor, lo que garantiza una forma más ágil de comunicación donde la marca y los consumidores operan como socios iguales.

LA COMPETENCIA INTENSA

El mercado del video se ha vuelto más competitivo para los vendedores. Para destacar, los vendedores tienen que aprender cómo impactan los contenidos de video de sus empresas y encontrar la manera de crear videos para que estos lleguen a ser relevantes. Como la mayoría de las empresas invierten dinero y tiempo en el video, el papel más importante lo tiene el departamento de marketing, que tiene que asegurarse de que los videos de la compañía sean de fácil acceso, que generen acciones y que destaquen en un mercado muy concurrido.

Cuando se opera en un mercado lleno de gente, tiene que asegurarse de que el contenido se adapta a un público específico. Sea o no el contenido divertido, informativo, entretenido y atractivo, éste debería ajustarse a un determinado público con el fin de garantizar su éxito.

PLATAFORMAS MULTIVISIÓN

El hogar promedio tiene más de seis dispositivos conectados a Internet, por lo que los consumidores ya no están atados a un solo dispositivo: la gente está siempre en movimiento, y también lo está su contenido. Los vendedores han tenido que garantizar que todos los videos que producen se pueden acceder desde la gran variedad de plataformas, y de esta forma se ha mejorado aún más la evolución del video.

La publicidad móvil ha experimentado un enorme crecimiento en los últimos años. Sin embargo, mientras que hace un mucho tiempo la mayoría de los usuarios tenían 10 veces más probabilidades de recibir anuncios basados en imágenes en comparación con el video, el impacto de los anuncios de video casi ha blanqueado el concepto de publicidad basado en imágenes.

La publicidad de video se convirtiendo en algo más común en los dispositivos móviles, los vendedores tienen que adoptarse a una estrategia multiplataforma, de manera que les resulta más fácil conectar con el público a través de las diferentes plataformas.

Juntar contenido de video

2014 ha visto una continuación de los videos de marca de las grandes empresas, PYMEs, así como de los micro negocios. Por ejemplo, juntando Volvo Trucks (Van Damme) y East West y lograron unos anuncios que han llegado a cifras asombrosas de visitas a través de múltiples canales, todo en un corto período de tiempo. Cisco afirma que los consumidores de video se duplicarán a 1,5 mil millones en 2016 y casi todas las compañías usarán principalmente el video para comunicar su marca a los consumidores.

Si bien aún no se ha visto que se vayan a lanzar grandes presupuestos en producciones de video online, un gran número de PYMEs y microempresas están aprovechando el poder de la publicidad del video online como una forma más eficaz para contar su historia y conectar con los consumidores.

LA MUERTE DE LOS VIDEOS DE FORMATO LARGO

Netflix es un centro de video online establecido y que ha logrado mantener una fuerte posición a pesar de una gran evolución y una dura competencia. Dicho esto, más productores y autores de contenidos están monetizando su contenido y estos van "directos al consumidor", lo que significa que están empezando a confiar menos en servicios como los que ofrece Netflix, Amazon o iTunes.

Varios productos out-of-the-box (soluciones preempaquetadas)ofrecen aplicaciones de cara al usuario y sistemas para la facturación electrónica que ya han llegado al mercado por lo que este cambio podría ser mucho más rápido.

Si bien existen muchos servicios al estilo Netflix, la mayoría de las empresas están eligiendo un modelo de negocio más híbrido que combina suscripciones y anuncios, al igual que hace Hulu/Hulu Plus.

EMAIL VIDEO MARKETING

El video email marketing ha sido en su mayor parte infrautilizada: lo cual es extraño, porque las empresas de marketing están de acuerdo en que es una de las formas eficaces de comunicarse con los consumidores online. Es muy posible que algunos de sus principales competidores aún no hayan descubierto la utilidad de los videos por email y eso significaría una gran oportunidad para usted.

Para muchos consumidores, la recepción de un correo electrónico con un mensaje de video es la manera más segura de conectar con ellos online. Otro punto de vista es que el video marketing por email puede simular ser una reunión cara a cara, lo cual genera más confianza. Una encuesta realizada por ReelSEO informó que el 82% de los vendedores que utilizan el video en sus campañas de correo electrónico lo consideran más eficaz.

Por lo general, la tecnología facilita la evolución del marketing digital y el 2014 ha visto más facilidad de uso, una mejor reproducción y más videos embebidos. Hay muchas maneras de integrar video en el video marketing y a lo largo del año vamos a seguir viendo las campañas más innovadoras, de eso estoy seguro.

MICRO VIDEOS Y LAS REDES SOCIALES

La principal tendencia en las redes sociales de este año ha sido ver video anuncios de 5-7 segundos de duración. Estos plantean un enorme desafío para los vendedores que tienen que romper la historia de la marca en pequeños trozos visuales, eficaces, pero que también son una gran oportunidad para mejorar la creatividad, con lo que podrá lograr que sus videos se compartan entre los diferentes públicos.

El concepto de usar pequeños pedazos en las redes sociales para contar historias de forma rápida y eficaz eran conceptos que sonaban mal hace algunos años atrás, pero esto nos viene a mostrar la gran capacidad que tiene la industria para el cambio.

A medida que más marcas se vuelven más inteligentes con sus anuncios, podemos esperar muchos más de las PYME y de las microempresas para que comiencen a experimentar con este medio; y con el tiempo, lograrán un progreso real en el espacio social.

Conclusiones Finales

El marketing en el formato de video ofrece una variedad increíble de posibilidades debido a su enorme flexibilidad.

Lo que si que está bastante claro, es que el video marketing es, y será, una herramienta crucial para potenciar la marca de su empresa, pero también es una herramienta muy potente a la hora de mejorar los ratios de conversión de su inversión en publicidad, ya que, debido a que el video es más cómodo de consumir, muestra mejor las características de los productos o servicios que se ofrecen, esto hace que los usuarios prefieran ver videos que leer textos o imágenes, que ni muestran tanto mensaje como el video, y acaban produciendo fatiga en el usuario.

Debido a la predilección de usuarios al video sobre el texto y las imágenes, no lleva a sacar la conclusión de que el mejor formato para mostrar nuestros productos, servicios y nuestra empresa o negocio, es mediante la producción de video, que aunque es más costosa que la producción de texto e imágenes, acaba logrando mejores resultados en todos los ámbitos referidos a la imagen y las ventas de su empresa.

Espero que con este libro usted haya podido hacerse una idea de lo que quiere implementar en su negocio y como trazar una línea estratégica para llevar a cabo sus proyectos.

REFERENCIA BIBLIOGRÁFICA

Para complementar su formación sobre el video marketing, le recomiendo la lectura de los siguientes libros:

- YouTube and Video Marketing: An Hour a Day, de Greg Jarboe, Brian Cusack
- Video Marketing For Dummies, de Kevin Daum, Bettina Hein, Matt Scott
- YouTube Video Marketing Secrets Revealed: The Beginners Guide to Online Video Marketing, Montina "Sparkwisdom" Portis
- Marketing Digital, de Patricia González R.
- El Fraude en Internet. Mejor conocerlos que caer en ellos, de Aarón Rojo Bedford